Para Gay Bridgewood (sería rudo no dedicárselo). J. W.

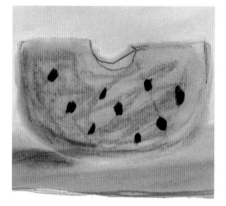

Dirección de la colección: Cristina Concellón
Coordinación de la producción: Elisa Sarsanedas

Publicado por primera vez en Gran Bretaña en 2006 por Andersen Press LTD,
20 Vauxhall Bridge Road, London SW1V 2SA.

© *The Really Rude Rhino*, versión inglesa, 2006, Andersen Press LTD
© texto: Jeanne Willis
© ilustraciones: Tony Ross
© traducción: Alberto Jiménez Rioja
© versión castellana: Intermón Oxfam, Roger de Llúria, 15. 08010 Barcelona
Tel. 93 482 07 00 - Fax 93 482 07 07
e-mail: info@IntermonOxfam.org

1ª edición: enero 2008
ISBN: 978-84-8452-513-4
Depósito legal: B-5138-08

Impreso en España

El Rino Realmente RUDO

Jeanne Willis y Tony Ross

Intermón Oxfam

Érase una vez un Rino Realmente Rudo.
Fue rudo desde el día en que nació.
–¡Qué bebito más lindo! –dijo su tía.

–¡Prffffffffffff! –soltó el Rino.
–¡No seas rudo! –le dijo su madre.

Pero el Rino Realmente Rudo no hizo ni caso.

Era rudo con su hermano.

Era rudo con su hermana.

Era rudo hasta con su abuela.

–Danos un besito –le decía ella.

–¡Prffffffffffff!

–soltaba el Rino Realmente Rudo.

–Ya se le pasará –decía su abuelo.
Pero no se le pasaba.
El Rino era rudo de la mañana a la noche.
Era rudo con sus amigos.
Era rudo con sus enemigos.

Era rudo hasta con la Reina.

–¿Cómo te va? –decía ella.

–¡Prfffffffffffff!

–soltaba el Rino Realmente Rudo.

–Ya se le pasará –decía el Rey.

Pero no se le pasaba.

El Rino era rudo del desayuno a la cena.

Era rudo en público.

Era rudo en privado.

Era muy, pero que muy rudo con su profesor.

–¡Ven a verme después de clase! –le decía el profesor.

–¡Prfffffffffffff!

–soltaba el Rino Realmente Rudo.

–Ya se le pasará –decía la encargada del comedor.

Pero no se le pasaba.

El Rino era rudo de lunes a viernes.

Era rudo en los días de fiesta.

Era rudo en los días de deportes.

Era rudo hasta en el día de Navidad.

–¿Qué quieres para Navidad? –le preguntaba Santa Claus.

–¡Prffffffffffff!

–soltaba el Rino Realmente Rudo.

Era tan rudo, que su madre lo llevó al médico.

–Abre la boca y di «¡Aaa!» –le dijo el médico.

–¡Prffffffffffff!

–soltó el Rino Realmente Rudo.

–¿Se le pasará alguna vez? –preguntó su madre.

–Sufre de Rinoceritis Ruditis –dijo el médico–.
No tiene cura.

Pero sí que tenía.

Justo después de su quinto cumpleaños, Rino se despertó de un humor especialmente rudo y decidió irse a la charca por su cuenta, porque ahora era un rino grande.

–¡Hagas lo que hagas, no vayas a la charca! –le dijo su madre.

–¡Prffffffffffff! –soltó el Rino Realmente

Rudo. Y se fue para allá.

Junto a la charca había una niña comiendo
una rodaja de sandía con muy buenos modales.

La educada niña no veía al Rino, pero
él sí la veía a ella.
Estaba pensando lo maravillosamente rudo
que sería salir en tromba de los arbustos para
hacerla huir y comerse la sandía.
Bajó el cuerno, golpeó el suelo con una pata y:

–¡Alacaaaaaarrrrga!

—¡Prffffffffff!

–soltó la niña.

—¡UYYYYYYYYYYYY!

–soltó el Rino.

El Rino se llevó tal impresión,
que se marchó a casa a todo correr…

y nunca jamás volvió a ser rudo con nadie.

Intermón Oxfam

somos personas que creemos en la justicia, la solidaridad y
la paz, y trabajamos para cambiar este mundo.
Para ello, cooperamos en **proyectos de desarrollo**,
actuamos en **emergencias**, fomentamos el **comercio justo**
y promovemos campañas de **sensibilización y
movilización social**, sumando nuestro esfuerzo al de las
otras 11 ONG de **Oxfam Internacional**.
Juntos combatimos la pobreza y la injusticia.

Colabora. Participa. Opina
902 330 331 - www.IntermonOxfam.org
info@IntermonOxfam.org